escola - skóli	2
viatge - ferðalög	5
transport - samgöngur	8
ciutat - borg	10
paisatge - landslag	14
restaurant - veitingastaður	17
supermercat - kjörbúð	20
begudes - drykkir	22
menjar - matur	23
granja - bær	27
casa - hús	31
sala d'estar - stofa	33
cuina - eldhús	35
bany - baðherbergi	38
cambra de nen - barnaherbergi	42
roba - föt	44
oficina - skrifstofa	49
economia - hagkerfi	51
oficis - starfsgreinar	53
eines - verkfæri	56
instrument de música - hljóðfæri	57
zoo - dýragarður	59
esports - íþróttir	62
activitats - athafnir	63
família - fjölskylda	67
cos - líkami	68
hospital - sjúkrahús	72
urgència - neyðartilvik	76
terra - Jörð	77
rellotge - klukka	79
setmana - vika	80
any - ár	81
formes - form	83
colors - litir	84
oposats - andstæður	85
nombres - tölur	88
llengües - tungumál	90
qui / què / com - hver / hvað / hvernig	91
on - hvar	92

Impressum
Verlag: BABADADA GmbH, Nedderfeld 112 , 22529 Hamburg
Geschäftsführer / Verlagsleitung: Harald Hof
Druck: Books on Demand GmbH, In de Tarpen 42, 22848 Norderstedt

Imprint
Publisher: BABADADA GmbH, Nedderfeld 112 , 22529 Hamburg, Germany
Managing Director / Publishing direction: Harald Hof
Print: Books on Demand GmbH, In de Tarpen 42, 22848 Norderstedt

escola
skóli

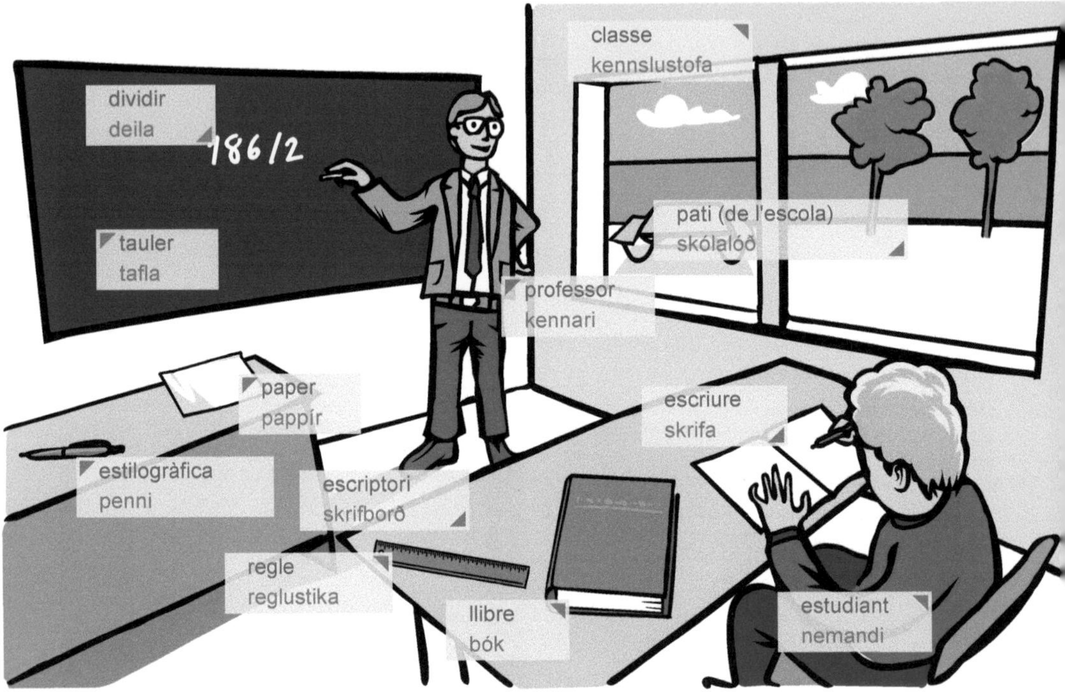
classe
kennslustofa
dividir
deila
186/2
tauler
tafla
pati (de l'escola)
skólalóð
professor
kennari
paper
pappír
escriure
skrifa
estilogràfica
penni
escriptori
skrifborð
regle
reglustika
llibre
bók
estudiant
nemandi

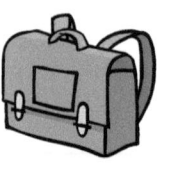

bossa
skólataska

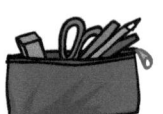

estoig
pennaveski

llapis
blýantur

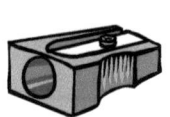

maquineta de fer punta
yddari

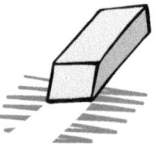

goma
strokleður

bloc de dibuix
teikniblað

dibuix

teikning

pinzell

pensill

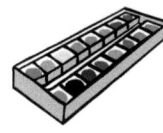

capsa de pintures

litakassi

tisores

skæri

cola

lím

quadern d'exercicis

æfingabók

deures

heimavinna

nombre

númer

afegir

leggja saman

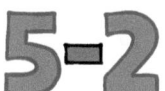

sostreure

draga frá

multiplicar

margfalda

calcular

reikna

lletra

bréf

alfabet

stafróf

mot

orð

text
texti

llegir
lesa

guix
krít

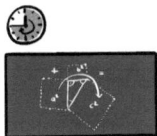

lliçó
kennslustund

llibre de classe
kladdi

examen
próf

certificat
vottorð

uniforme escolar
skólabúningur

formació
menntun

enciclopèdia
alfræðirit

universitat
háskóli

microscopi
smásjá

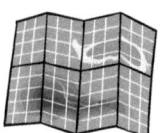

mapa
kort

paperera
ruslakarfa

viatge

ferðalög

hotel
hótel
Grand
alberg
farfuglaheimili
ROOMS
oficina de canvi
gjaldeyrisskipti
maleta
ferðataska
automòbil
bíll

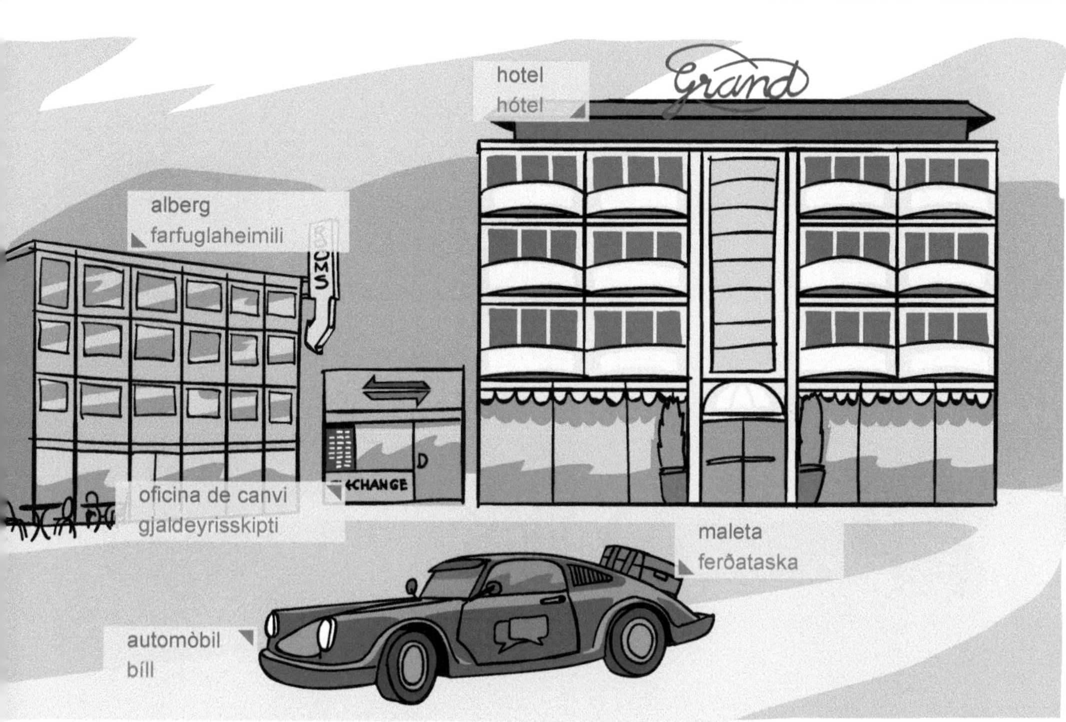

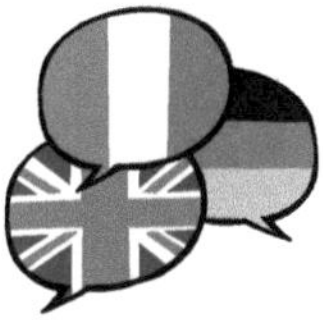

llengua

tungumál

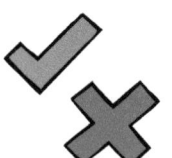

sí / no

já / nei

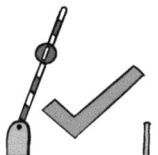

D'acord

allt í lagi

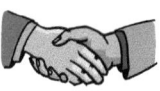

Ey!

halló

traductora

þýðandi

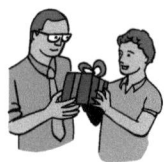

gràcies

takk fyrir

Quant costa... ?

hvað kostar...?

No entenc

Ég skil ekki

problema

vandamál

Bona nit!

Gott kvöld!

bon dia!

Góðan dag!

bona nit!

Góða nótt!

fins aviat

bless bless

direcció

átt

bagatge

farangur

bossa

taska

sarrona

bakpoki

convidat

gestur

cambra

herbergi

sac de dormir

svefnpoki

tenda

tjald

oficina de turisme

upplýsingamiðstöð

platja

strönd

carta de crèdit

kreditkort

esmorzar

morgunverður

dinar

hádegisverður

sopar

kvöldmatur

bitllet

farmiði

ascensor

lyfta

segell

frímerki

frontera

landamæri

duana

tollur

ambaixada

sendiráð

visat

vegabréfsáritun

passaport

vegabréf

transport
samgöngur

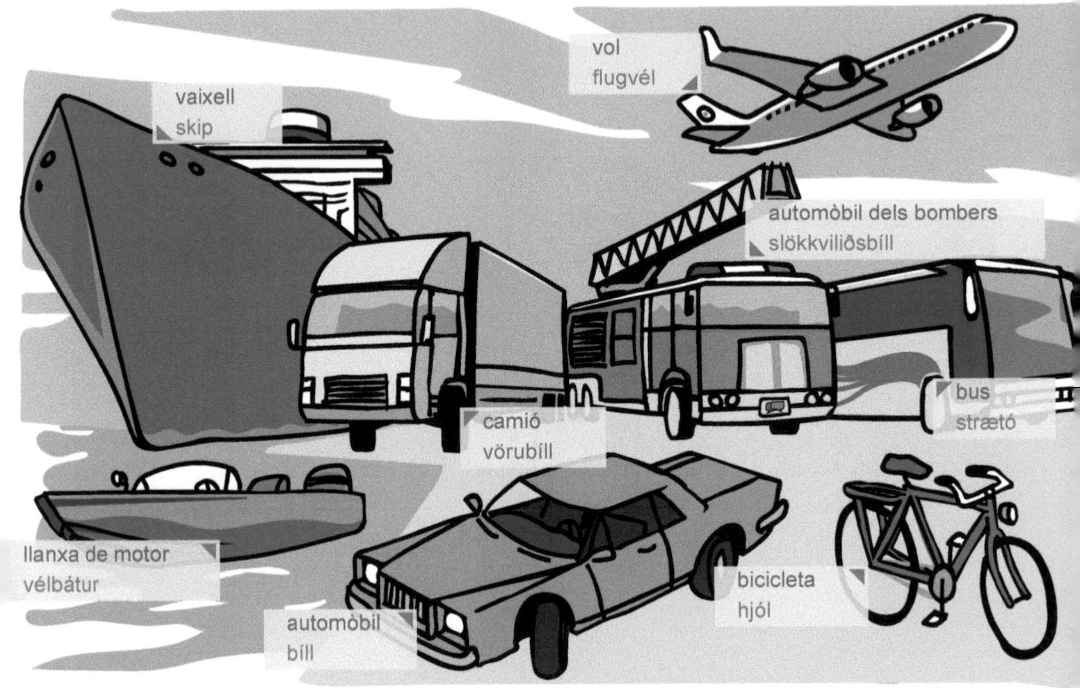
vol
flugvél
vaixell
skip
automòbil dels bombers
slökkviliðsbíll
bus
strætó
camió
vörubíll
llanxa de motor
vélbátur
bicicleta
hjól
automòbil
bíll

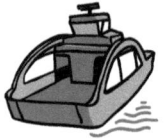

transbordador

ferja

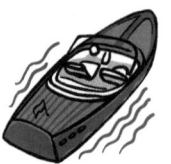

barca

bátur

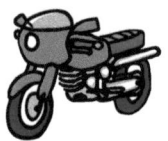

moto

mótorhjól

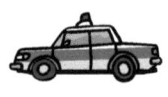

automòbil de policia

lögreglubíll

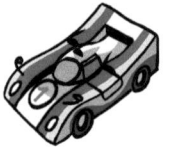

automòbil de curses

kappakstursbíll

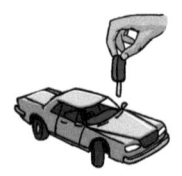

automòbil de lloguer

bílaleigubíll

vehicle compartit

bílasamneyti

grua

dráttarbíll

camió de les escombraries

öskubíll

motor

vél

benzina

eldsneyti

benzineria

bensínstöð

senyal de trànsit

umferðarskilti

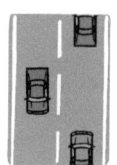

trànsit

umferð

embús

umferðarteppa

aparcament

bílastæði

estació de trens

lestarstöð

vies

járnbrautarteinar

tren

lest

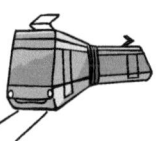

tramvia

sporvagn

vagó

vagn

transport - samgöngur

helicòpter

þyrla

aeroport

flugvöllur

torre

turn

passatger

farþegi

contenidor

gámur

capsa de cartó

pappakassi

carretó

kerra

cistella

karfa

enlairar-se / aterrar

takast á loft / lenda

ciutat
borg

poble

þorp

centre de la ciutat

miðbær

casa

hús

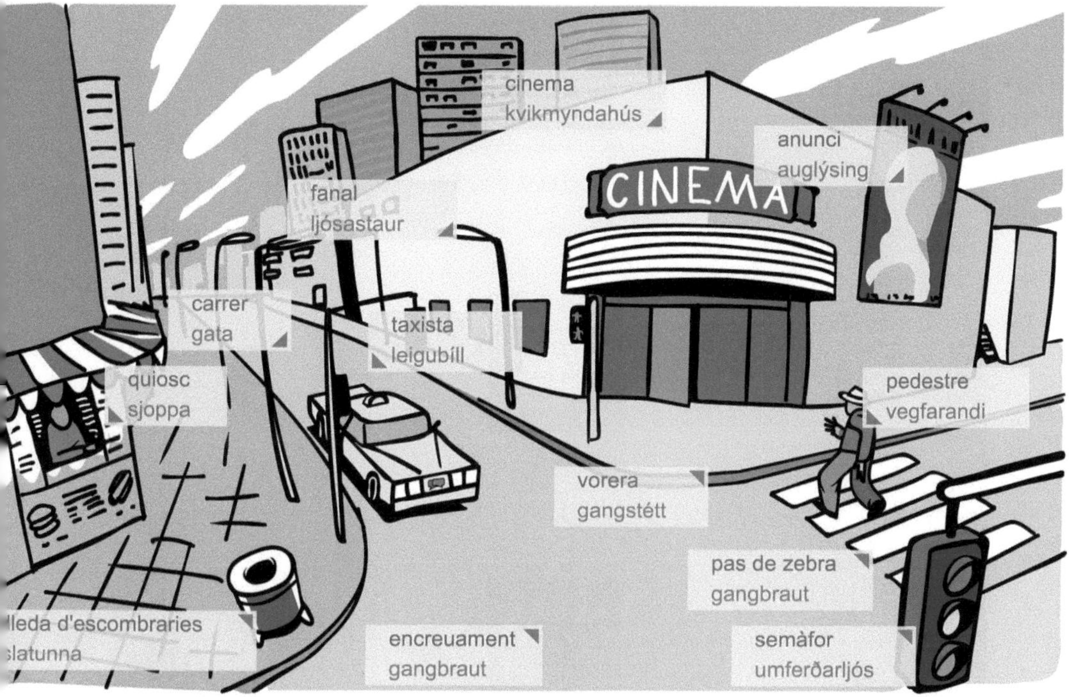

cinema
kvikmyndahús

anunci
auglýsing

fanal
ljósastaur

carrer
gata

taxista
leigubíll

quiosc
sjoppa

pedestre
vegfarandi

vorera
gangstétt

pas de zebra
gangbraut

lleda d'escombraries
slatunna

encreuament
gangbraut

semàfor
umferðarljós

CINEMA

cabana

skáli

apartament

íbúð

estació de trens

lestarstöð

casa de la vila-ciutat

ráðhús

museu

safn

escola

skóli

universitat

háskóli

banca

banki

hospital

sjúkrahús

hotel

hótel

farmàcia

apótek

oficina

skrifstofa

llibreria

bókabúð

botiga

búð

floristeria

blómabúð

supermercat

kjörbúð

mercat

markaður

gran magatzem

stórmarkaður

peixateria

fiskbúð

centre comercial

verslunarmiðstöð

port

höfn

parc

almenningsgarður

banc

bekkur

pont

brú

escala

stigi

metro

neðanjarðarlest

túnel

göng

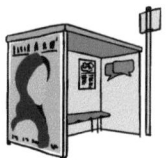

parada d'autobús

biðstöð

bar

bar

restaurant

veitingastaður

bústia de correu

póstkassi

senyal indicador

götuskilti

parquímetre

stöðumælir

zoo

dýragarður

piscina

sundlaug

mesquita

moska

granja
bær

pol·lució
mengun

cementiri
kirkjugarður

església
kirkja

parc infantil
leiksvæði

temple
musteri

paisatge
landslag

fulla
laufblað

cartell indicador
leiðarvísir

camí
leið

prat
engi

pedra
steinn

excursionista
göngufólk

arbre
tré

riu
á

gespa
gras

flor
blóm

vall

dalur

muntanya

hæð

llac

stöðuvatn

bosc

skógur

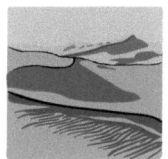

desert

eyðimörk

volcà

eldfjall

castell

kastali

arc de Sant Martí

regnbogi

bolet

sveppur

palmera

pálmatré

moscard

moskítófluga

mosca

fluga

formiga

maur

abella

býfluga

aranya

kónguló

escarabat

bjalla

granota

froskur

esquirol

íkorni

eriçó

broddgöltur

llebre

héri

òliba

ugla

ocell

fugl

cigne

svanur

senglar

villisvín

cervo

dádýr

ant

elgur

presa

stífla

turbina

vindmylla

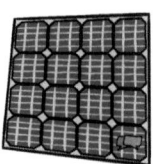

panell solar

sólarrafhlaða

clima

loftslag

restaurant

veitingastaður

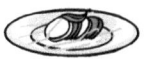

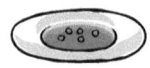

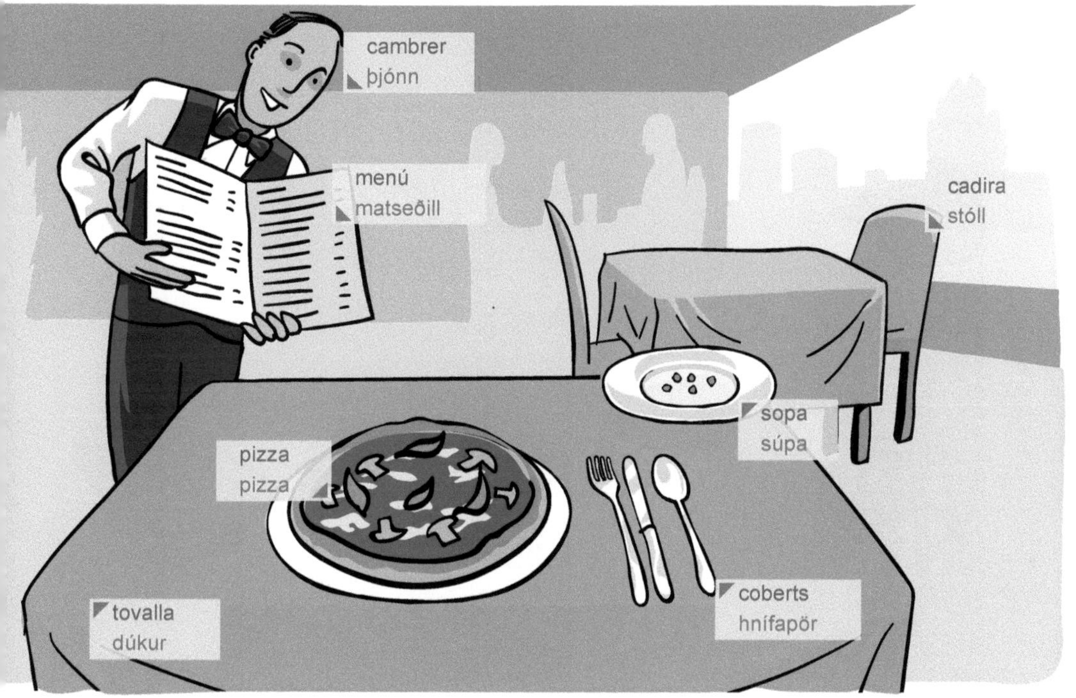

cambrer
þjónn
menú
matseðill
cadira
stóll
sopa
súpa
pizza
pizza
coberts
hnífapör
tovalla
dúkur

primer plat
forréttur

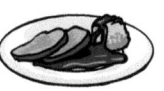

plat principal
aðalréttur

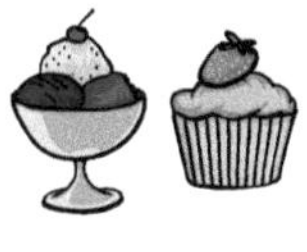

darreries
eftirréttur

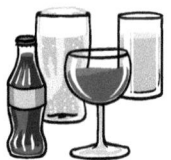

begudes
drykkir

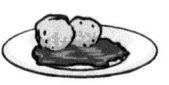

menjar
matur

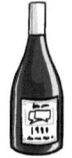

ampolla
flaska

menjar ràpid

skyndibiti

menjar de carrer

götumatur

tetera

teketill

sucrer

sykurskál

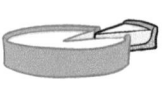

porció

skammtur

màquina d'espresso

espressovél

trona

barnastóll

factura

reikningur

plata

bakki

ganivet

hnífur

forqueta

gaffall

cullera

skeið

cullereta

teskeið

tovalló

servíetta

got

glas

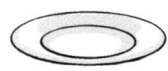

plat
diskur

plat de sopa
súpudiskur

plateret
undirskál

salsa
sósa

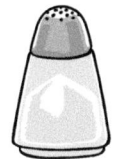

saler
saltstaukur

molinet de pebre
piparkvörn

vinagre
edik

oli
olía

espècies
krydd

quètxup
tómatsósa

mostassa
sinnep

maionesa
majónes

supermercat
kjörbúð

oferta especial
tilboð
FOR
client
viðskiptavinur
productes lactis
mjólkurvörur
fruites
ávöxtur
carret de la compra
búðarkerra

BUTCHERS

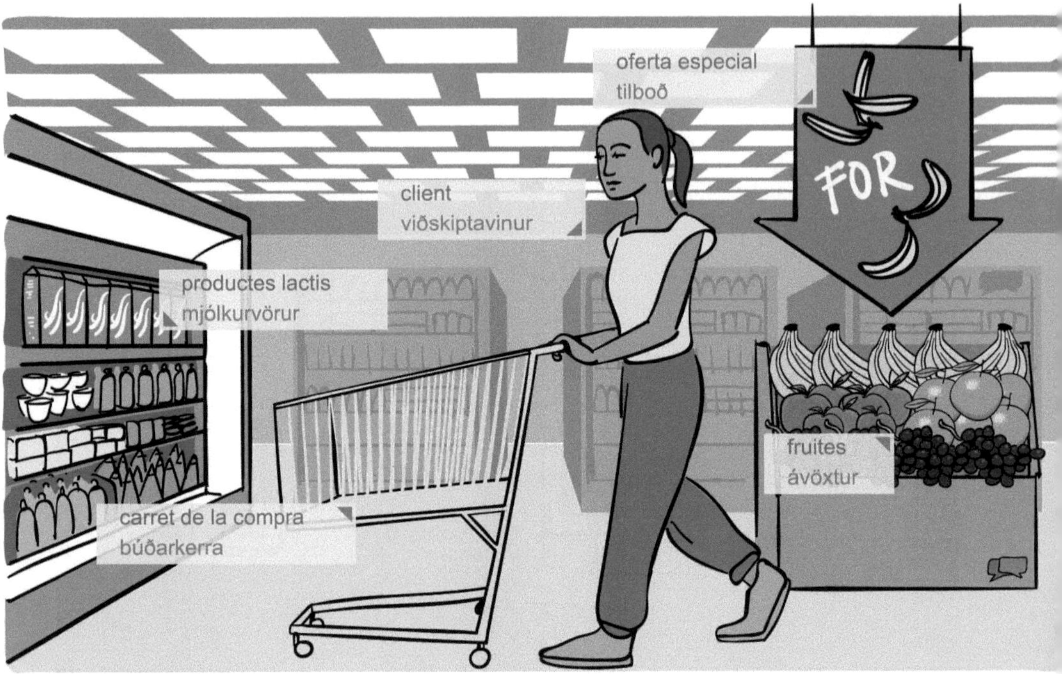

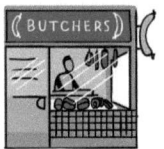

carnisseria

slátrari

BAKERY

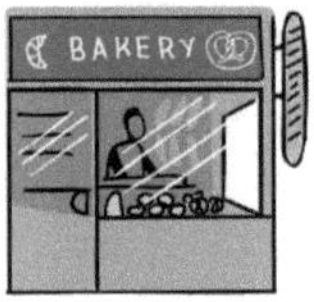

forn de pa

bakarí

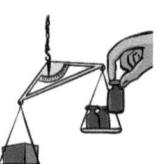

pesar

vega

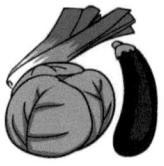

verdures

grænmeti

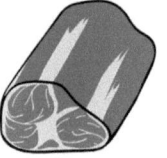

carn

kjöt

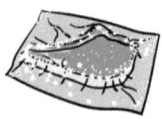

menjar congelat

frosinn matur

carn freda
kjötálegg

conserves
niðursoðinn matur

detergent en pols
þvottaefni

dolços
sælgæti

articles domèstics
vörur til heimilisnota

productes de neteja
hreinsiefni

venedora
afgreiðslukona

caixa registradora
afgreiðslukassi

caixera
gjaldkeri

llista de la compra
innkaupalisti

horari d'obertura
opnunartímar

portamonedes
veski

carta de crèdit
kreditkort

bossa
poki

bossa de plàstic
plastpoki

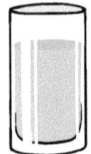

aigua

vatn

suc

safi

llet

mjólk

coca-cola

kók

vi

vín

cervesa

bjór

alcohol

áfengi

cacau

kakó

te

te

cafè

kaffi

espresso

espresso

cappuccino

kaffi

banana

banani

poma

epli

taronja

appelsínugulur

síndria

melóna

llimona

sítróna

pastanaga

gulrót

all

hvítlaukur

bambú

bambus

ceba

laukur

bolet

sveppir

avellanes

hnetur

fideus

núðlur

espaguetis

spagettí

arròs

hrísgrjón

amanida

salat

patates fregides

franskar kartöflur

patates fregides

steiktar kartöflur

pizza

pizza

hamburguesa

hamborgari

entrepà

samloka

escalopa

snitsel

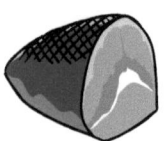

cuixot

skinka

salami

salami

salsitxa

pylsa

pollastre

kjúklingur

rostit

steik

peix

fiskur

flocs de civada

haframjöl

musli

múslí

cereals

kornflögur

farina

hveiti

croissant

franskt horn

panet

smábrauð

pa

brauð

torrada

ristað brauð

bescuits

kex

mantega

smjör

mató

ystingur

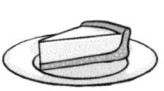

pastís

kaka

ou

egg

ou fregit

spælt egg

formatge

ostur

gelat

ís

sucre

sykur

mel

hunang

melmelada

sulta

crema de xocolata

súkkulaðiálegg

curri

karrý

granja
bær

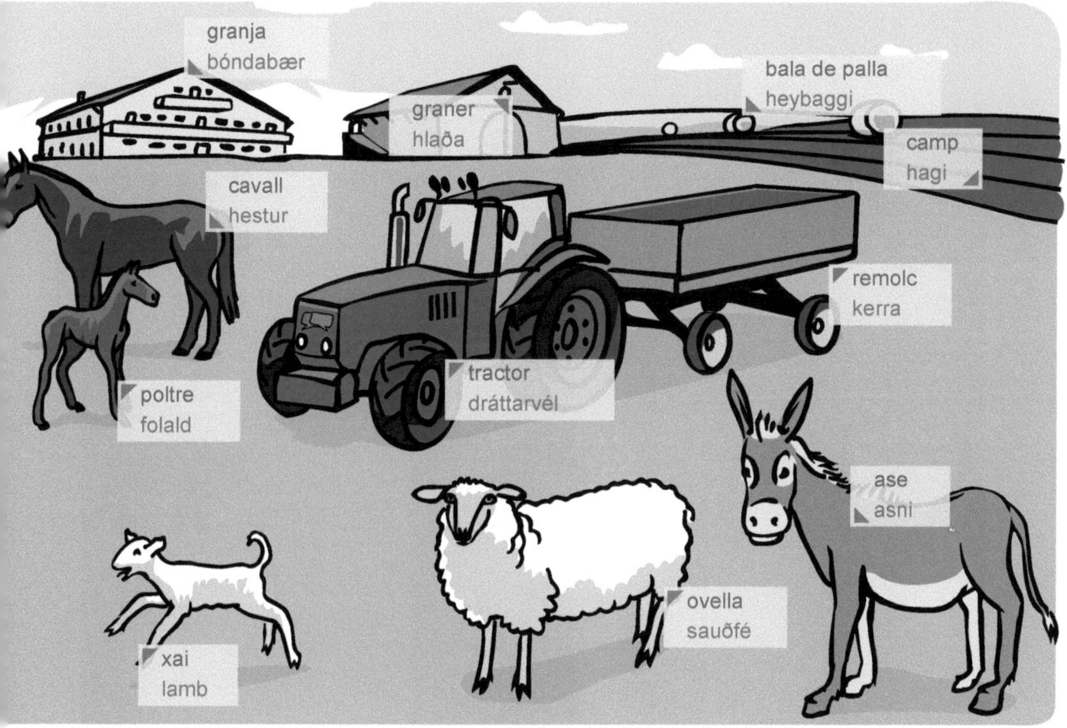

granja
bóndabær
graner
hlaða
bala de palla
heybaggi
camp
hagi
cavall
hestur
remolc
kerra
tractor
dráttarvél
poltre
folald
ase
asni
ovella
sauðfé
xai
lamb

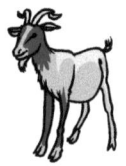

cabra
geit

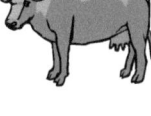

vaca
kýr

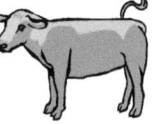

vedella
kálfur

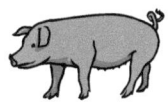

porc
svín

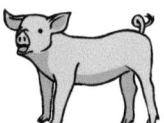

garrí
grís

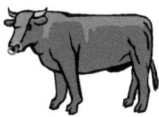

bou
naut

oca
gæs

ànec
önd

poll
ungi

gall
hæna

gallina
hani

rata
rotta

gat
köttur

ratolí
mús

bou
uxi

gos
hundur

gossera
hundakofi

mànega de regar
garðslanga

regadora
garðkanna

dalla
ljár

arada
plógur

falç
sigð

aixada
hlújárn

forca
heygaffall

destral
öxi

carretó
hjólbörur

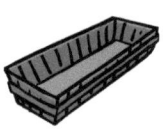

abeurador
trog

lletera
mjólkurfata

sac
poki

tanca
girðing

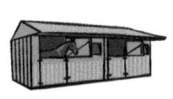

establa
gripahús

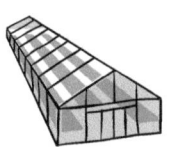

hivernacle
gróðurhús

sòl
jarðvegur

llavor
fræ

adob
áburður

collidora
kornskurðarvél

collir

uppskera

collita

uppskera

nyam

kínverskar kartöflur

blat

hveiti

soja

soja

patata

kartafla

blat de moro o d'indi

maís

colza

repja

arbre fruiter

ávaxtatré

mandioca

maníókarót

cereals

korn

casa
hús

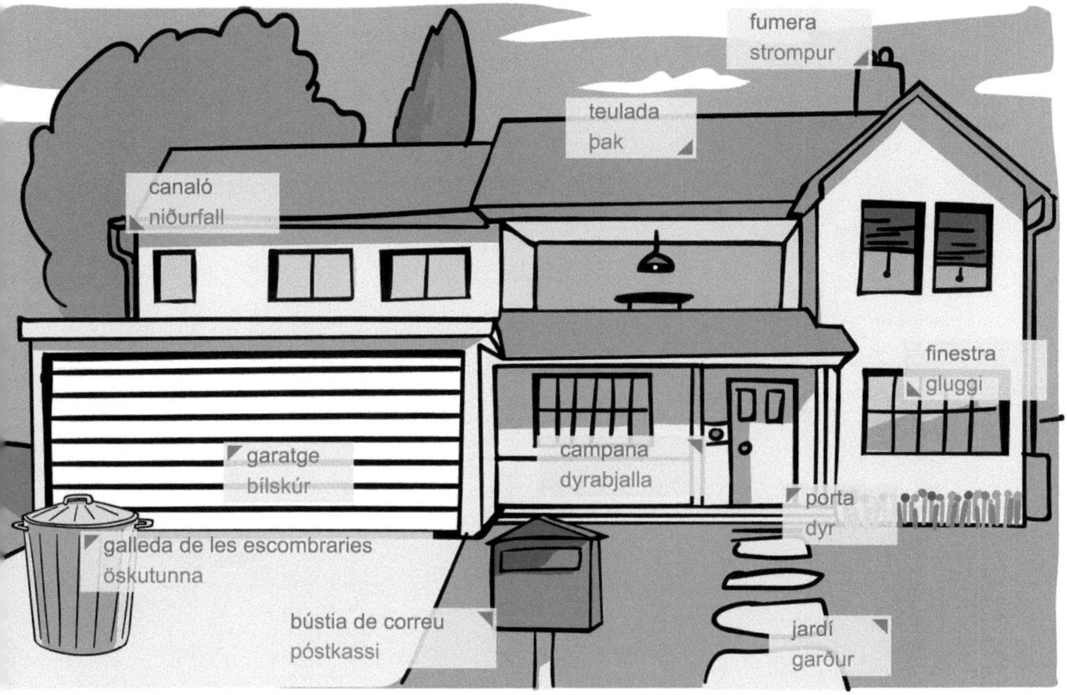
fumera
strompur
teulada
þak
canaló
niðurfall
finestra
gluggi
garatge
bílskúr
campana
dyrabjalla
porta
dyr
galleda de les escombraries
öskutunna
bústia de correu
póstkassi
jardí
garður

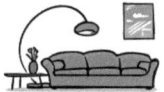

sala d'estar
stofa

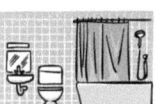

bany
baðherbergi

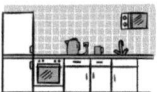

cuina
eldhús

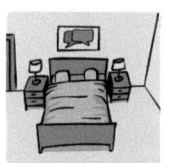

cambra de dormir
svefnherbergi

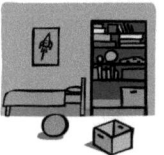

cambra de nen
barnaherbergi

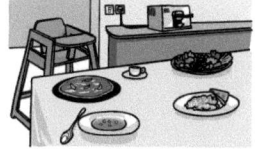

menjador
borðstofa

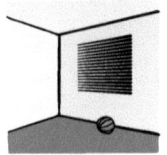

sòl
gólf

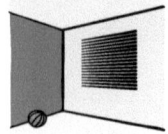

paret
veggur

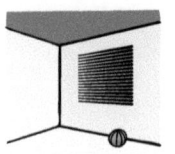

sostre
loft

soterrani
kjallari

sauna
gufubað

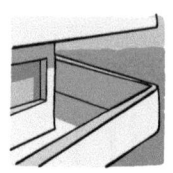

balcó
svalir

terrassa
verönd

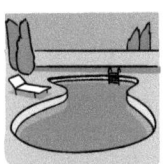

piscina
sundlaug

tallagespa
sláttuvél

vànova
lak

cobrellit
rúmteppi

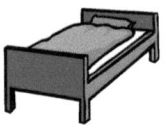

llit
rúm

escombra
kústur

galleda
fata

interruptor
rofi

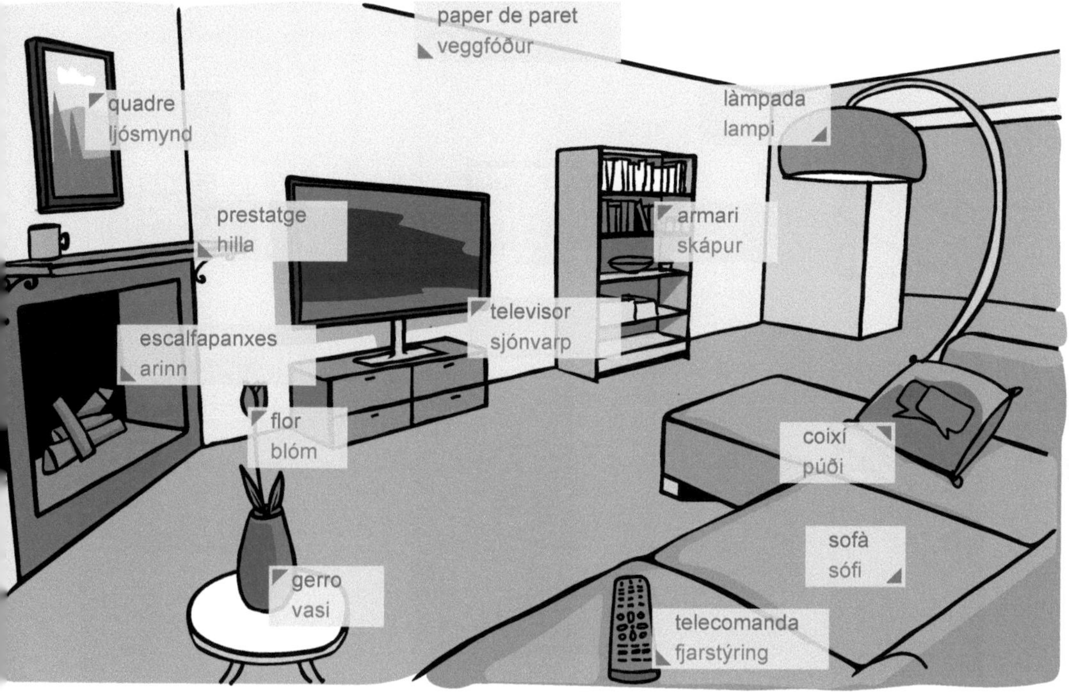

paper de paret
veggfóður

quadre
ljósmynd

làmpada
lampi

prestatge
hilla

armari
skápur

escalfapanxes
arinn

televisor
sjónvarp

flor
blóm

coixí
púði

sofà
sófi

gerro
vasi

telecomanda
fjarstýring

catifa

teppi

cortina

gardínur

taula

borð

cadira

stóll

cadira gronxadora

ruggustóll

cadiral

hægindastóll

llibre

bók

llençol

sæng

decoració

skraut

llenya

eldiviður

film

mynd

cadena de música

hljómflutningstæki

clau

lykill

diari

dagblað

pintura

málverk

cartell

veggspjald

ràdio

útvarp

bloc de notes

minnisbók

aspiradora

ryksuga

cactus

kaktus

candela

kerti

cuina
eldhús

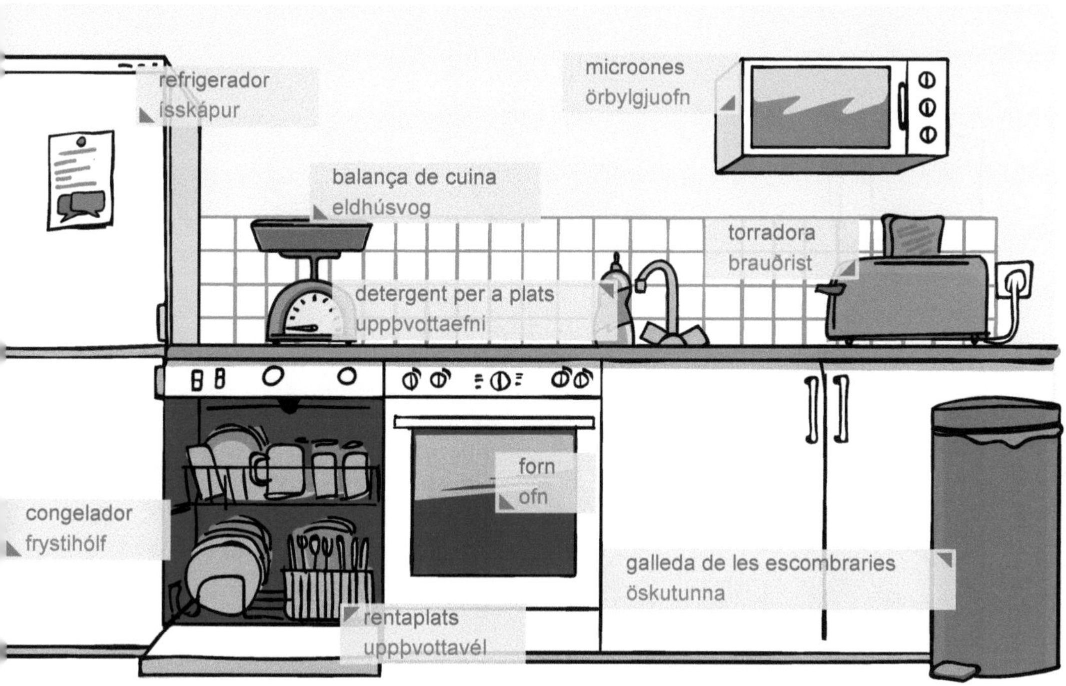

refrigerador
ísskápur
microones
örbylgjuofn
balança de cuina
eldhúsvog
torradora
brauðrist
detergent per a plats
uppþvottaefni
forn
ofn
congelador
frystihólf
galleda de les escombraries
öskutunna
rentaplats
uppþvottavél

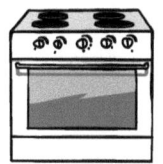

cuina de fogons
eldavél

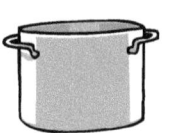

olla
pottur

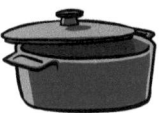

olla de ferro colat
steypujárnspottur

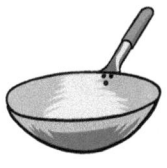

wok / karahi
wok/kadai

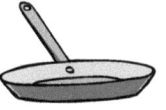

paella
panna

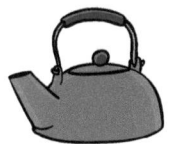

bullidor
ketill

olla de vapor

gufukarfa

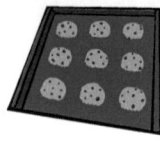

plata de forn

ofnform

vaixella

leirtau

tassa grossa

mál

bol

skál

bastonets xinesos

prjónar

culler

ausa

espàtula

spaði

batedor

pískur

colador

sigti

sedàs

málmsigti

ratllador

rifjárn

morter

mortél

barbacoa

grill

foc a terra

opinn eldur

taula de tallar

skurðarbretti

corró

kökukefli

llevataps

tappatogari

pot de conserva

dós

obridor

dósaopnari

agafador

pottaleppur

aigüera

vaskur

raspall

bursti

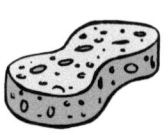

esponja

svampur

batedora

blandari

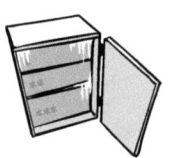

congelador

frystir

biberó

peli

aixeta

blöndunartæki

bany
baðherbergi

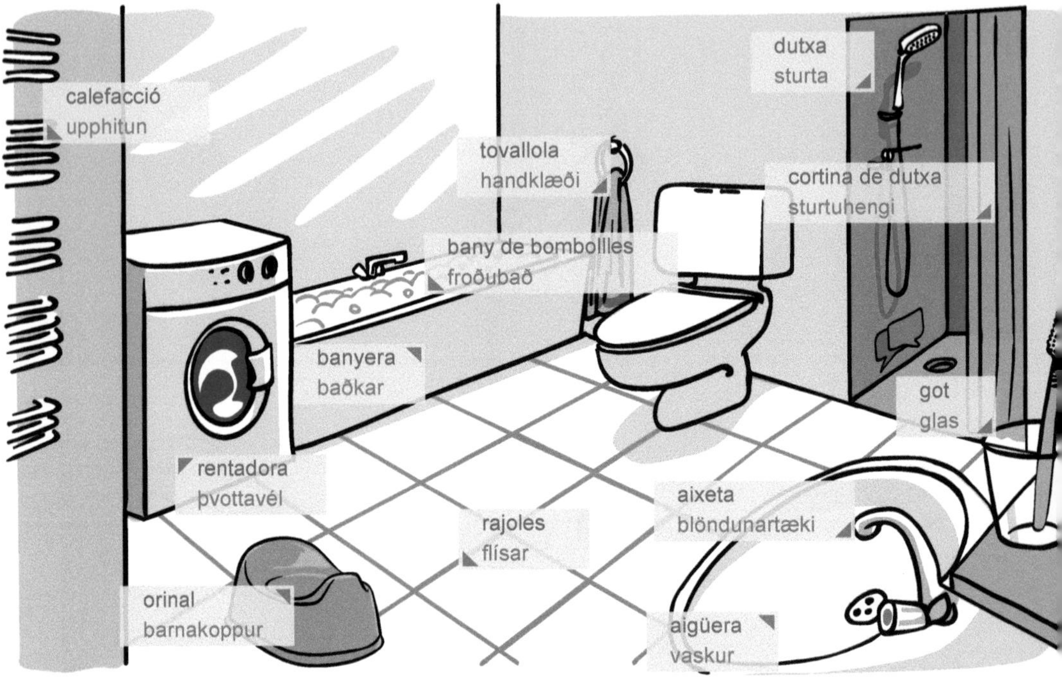

calefacció
upphitun
tovallola
handklæði
dutxa
sturta
cortina de dutxa
sturtuhengi
bany de bombollles
froðubað
banyera
baðkar
got
glas
rentadora
þvottavél
aixeta
blöndunartæki
rajoles
flísar
orinal
barnakoppur
aigüera
vaskur

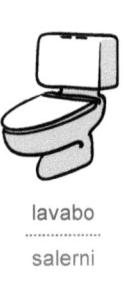

lavabo

salerni

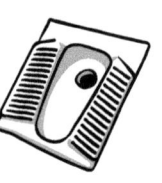

lavabo turc

salerni án setu

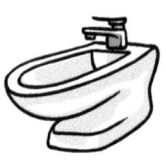

bidet

skolskál

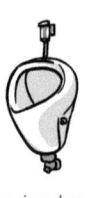

orinador

þvagskál

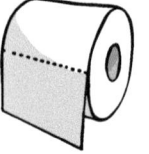

paper higiènic

salernispappír

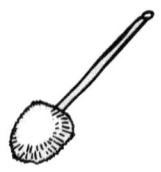

escombreta de sanitari

salernisbursti

raspall de dents

tannbursti

pasta de dents

tannkrem

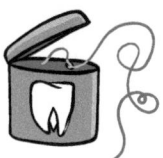

fil dental

tannþráður

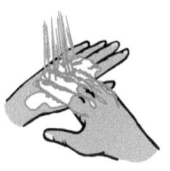

rentar

þvo

pom de dutxa

handsturta

dutxa íntima

salernissturta

rentamans

vaskur

raspall per a l'esquena

bakbursti

sabó

sápa

gel de dutxa

sturtugel

xampú

sjampó

manyopla de bany

flannel

bonera

niðurfall

crema

krem

desodorant

svitalyktareyðir

mirall

spegill

mirall-espill de mà

handspegill

maquineta de rasar

rakskafa

espuma de barbejar

raksápa

loció post-rasada

rakspíri

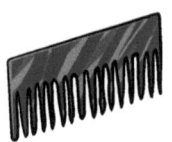

pinta

greiða

raspall

bursti

eixugador

hárþurrka

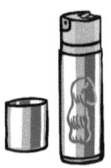

laca

hársprey

maquillatge

farði

pintallavis

varalitur

esmalt d'ungles

naglalakk

cotó

bómull

tallaungles

naglaklippur

perfum

ilmvatn

estoig de bellesa

þvottapoki

tamboret

kollur

bàscula

vog

barnús

sloppur

guants de goma

gúmmíhanskar

compresa higiènica

tíðatappi

compresa

dömubindi

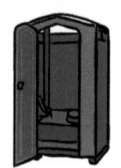

sanitari químic

efnasalerni

cambra de nen

barnaherbergi

despertador
vekjaraklukka
animal de peluix
mjúkt leikfang
auto de joguina
leikfangabíll
sonall
hrista
casa de nines
dúkkuhús
present
gjöf

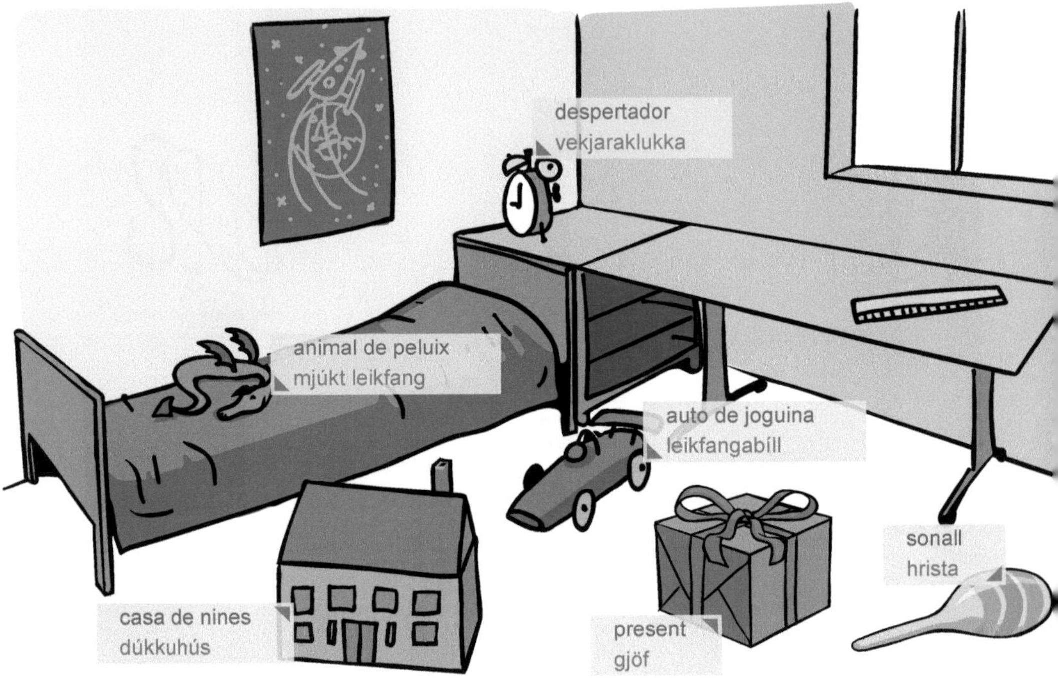

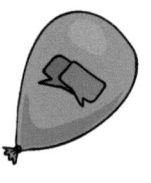

baló

blaðra

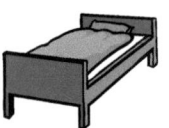

llit

rúm

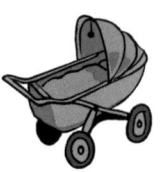

cotxet per a nens

barnavagn

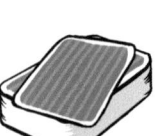

joc de cartes

spilastokkur

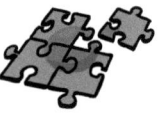

trencaclosca

púsluspil

SUPER
MEGA

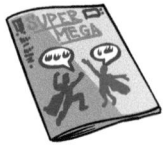

historieta

myndasaga

peces de lego

legókubbar

peces de construcció

leikfangakubbar

ninot d'acció

leikfangakall

granota

samfestingur

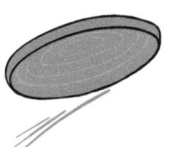

frisbee

Frisbídiskur

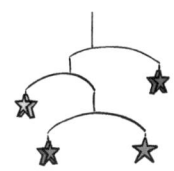

mòbil per a bressol

órói

joc de taula

spilaborð

daus

teningar

tren elèctric

lestarlíkan

xumet

snuð

festa

veisla

llibre de dibuixos

myndabók

pilota

bolti

nina

brúða

jugar

spila

sorrera

sandkassi

gronxador

sveifla

joguines

leikföng

consola de jocs de vídeo

leikjatölva

tricicle

þríhjól

osset de peluix

bangsi

armari

fataskápur

roba

föt

mitjons

sokkar

mitges

kvensokkabuxur

mitja pantaló

sokkabuxur

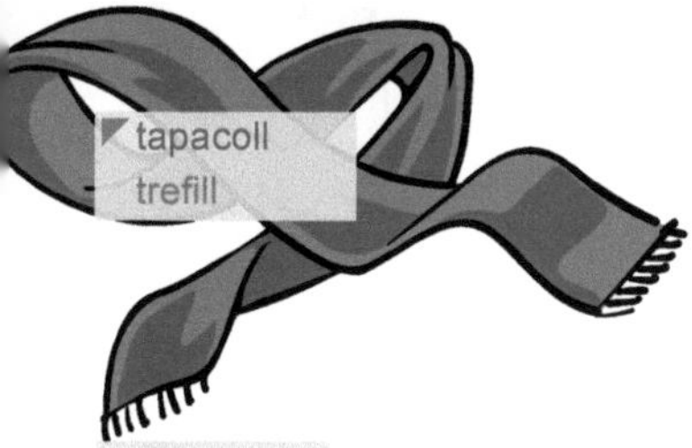

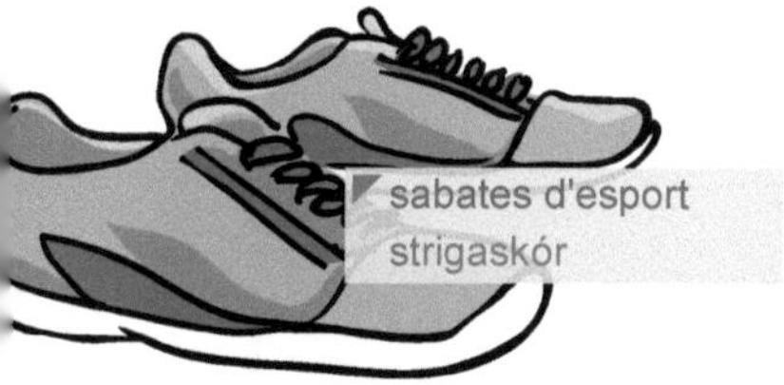

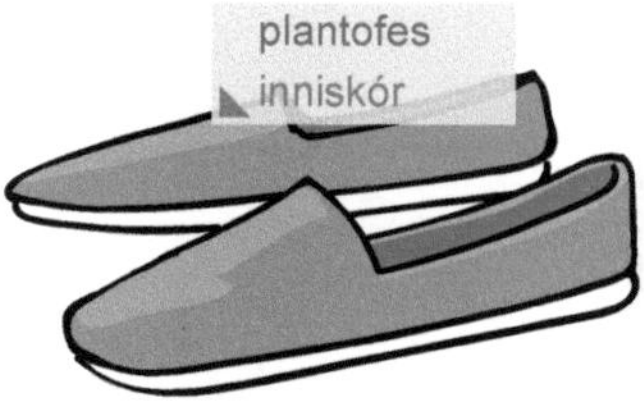

tapacoll
trefill

cintura
belti

paraigua
regnhlíf

camiseta
stuttermabolur

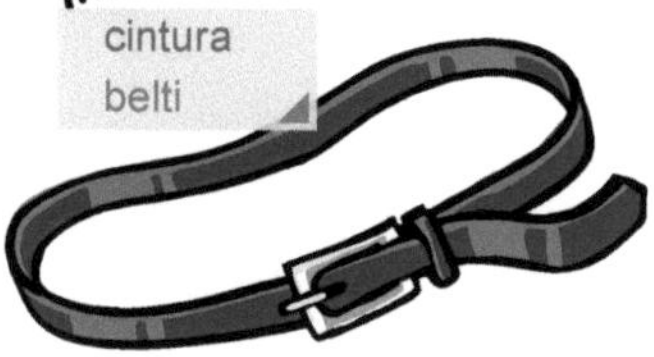

botes
skór

sabates d'esport
strigaskór

plantofes
inniskór

sandàlies
....
sandalar

sabates
....
skór

botes de goma
....
gúmmístígvél

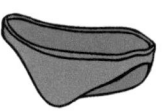

calçonets
....
nærbuxur

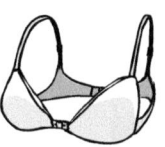

sostenidor
....
brjóstahaldari

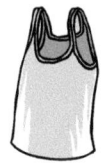

guardapits
....
vesti

jjustacòs

samfella

pantalons

buxur

jeans

gallabuxur

faldeta

pils

brusa

blússa

camisa

skyrta

jersei

peysa

dessuadora

hettupeysa

blazer

jakki

jaqueta

jakki

mantell

frakki

impermeable

regnfrakki

vestit de dona

dragt

vestit de dona

kjóll

vestit de núvia

brúðarkjóll

vestit d'home

jakkaföt

camisa de dormir

náttkjóll

pijama

náttföt

sari

Sari

mocador de cap

höfuðslæða

turbant

túrban

burca

búrka

caftan

kaftan

abaia

abaya

vestit de bany

sundföt

calçon(et)s de bany

sundbuxur

pantalons curts

stuttbuxur

xandall

íþróttagalli

davantal

svunta

guants

hanskar

botó

hnappur

ulleres

gleraugu

braçalet

armband

collaret

hálsmen

anell

hringur

orellera

eyrnalokkur

casquet

húfa

penjador

herðatré

capell

hattur

corbata

bindi

cremallera

rennilás

casc

hjálmur

elàstics

axlabönd

uniforme escolar

skólabúningur

uniforme

einkennisbúningur

pitet
....
smekkur

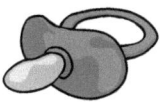

xumet
....
snuð

bolquer
....
bleyja

oficina
skrifstofa

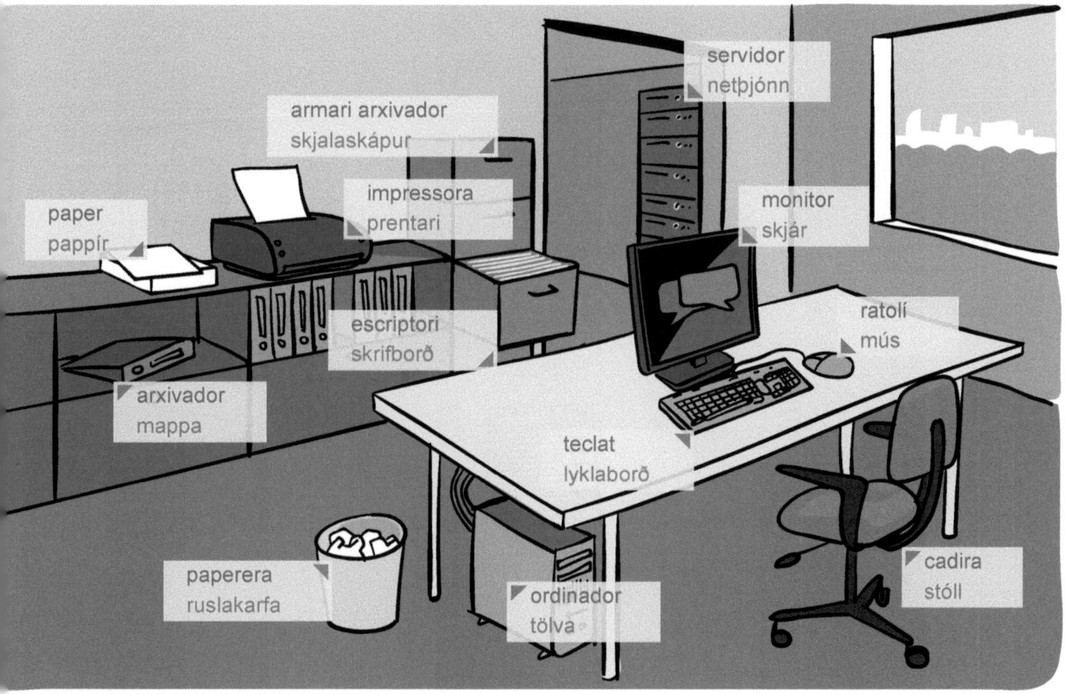

servidor
netþjónn

armari arxivador
skjalaskápur

impressora
prentari

monitor
skjár

paper
pappír

escriptori
skrifborð

ratolí
mús

arxivador
mappa

teclat
lyklaborð

paperera
ruslakarfa

cadira
stóll

ordinador
tölva

tassa de cafè
....
kaffibolli

calculadora
....
reiknivél

Internet
....
internet

ordinador portàtil

fartölva

lletra

bréf

missatge

skilaboð

mòbil

farsími

xarxa

net

fotocopiadora

ljósritunarvél

programari

hugbúnaður

telèfon

sími

presa de corrent

innstunga

fax

faxtæki

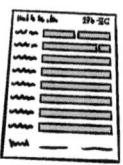

formulari

eyðublað

document

skjal

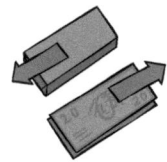

comprar
....
kaupa

pagar
....
borga

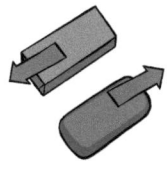

comerciar
....
versla

diners
....
peningar

dòlar
....
dollari

euro
....
evra

ien
....
jen

ruble
....
rúbla

franc suís
....
svissneskur franki

renminbi
....
renminbi yuan

rupia
....
rúpíur

caixa automàtica
....
hraðbanki

oficina de canvi

gjaldeyrisskipti

or

gull

argent

silfur

petroli

olía

energia

orka

preu

verð

contracte

samningur

impost

skattur

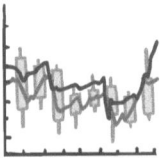

acció

hlutabréf

treballar

vinna

treballador

starfsmaður

empresari

vinnuveitandi

fàbrica

verksmiðja

botiga

búð

oficis
starfsgreinar

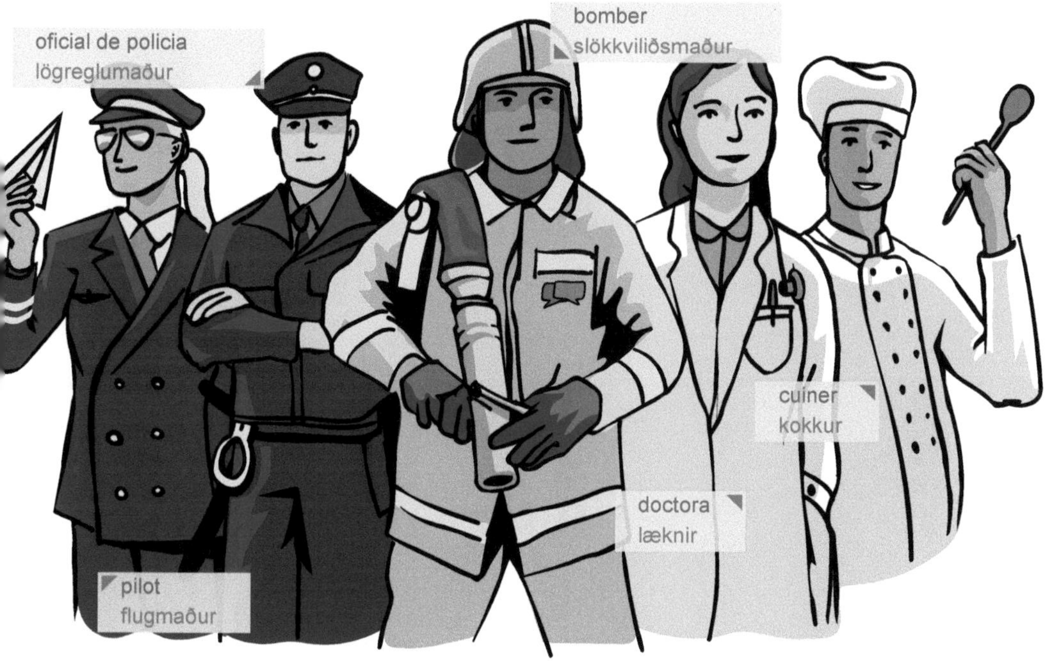
oficial de policia
lögreglumaður
bomber
slökkviliðsmaður
cuiner
kokkur
doctora
læknir
pilot
flugmaður

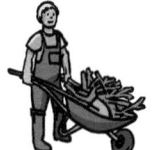

jardiner

garðyrkjumaður

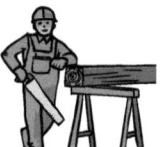

fuster

smiður

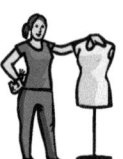

costurera

saumakona

jutge

dómari

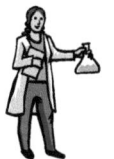

química

lyfjafræðingur

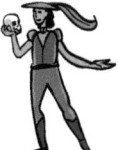

actor

leikari

conductor d'autobús

strætóbílstjóri

taxista

leigubílstjóri

pescador

sjómaður

dona de la neteja

ræstitæknir

ensostrador

þaksmiður

cambrer

þjónn

caçador

veiðimaður

pintor

málari

forner

bakari

electricista

rafvirki

obrer de la construcció

byggingaverkamaður

enginyer

verkfræðingur

carnisser

slátrari

llanterner

pípari

correu

póstmaður

soldat
hermaður

arquitecte
arkitekt

caixera
gjaldkeri

florista
blómasali

perruquer
hárgreiðslumaður

revisor
lestarstjóri

mecànic
vélvirki

capità
skipstjóri

dentista
tannlæknir

científic
vísindamaður

rabí
rabbíi

imam
Imam

monjo
munkur

capellà
prestur

oficis - starfsgreinar

eines
verkfæri

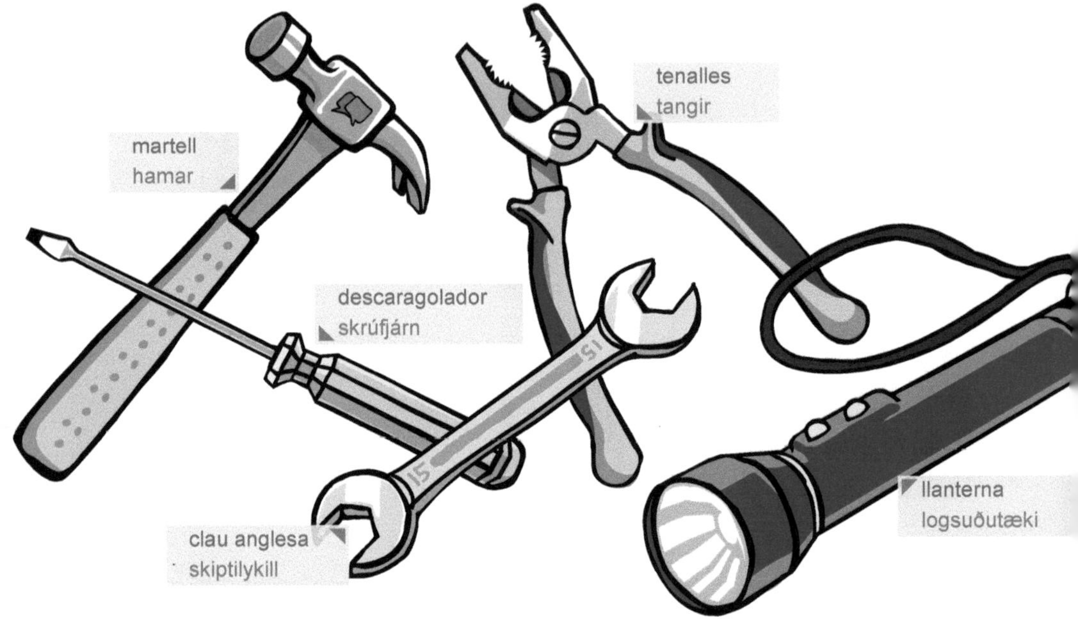

martell
hamar
tenalles
tangir
descaragolador
skrúfjárn
llanterna
logsuðutæki
clau anglesa
skiptilykill

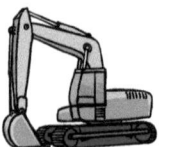

excavadora

grafa

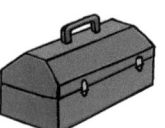

caixa d'eines

verkfærataska

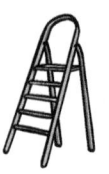

escala

stigi

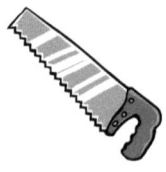

serra

sög

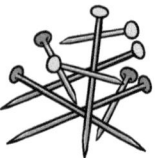

claus

naglar

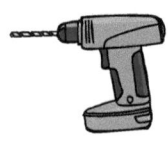

trepant

bor

reparar

gera við

pala

skófla

Maleït siga!

Fjandinn!

pala

fægiskófla

pot de pintura

málningarfata

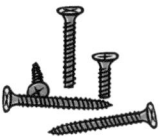

caragols

skrúfur

instrument de música
hljóðfæri

altaveu
hátalari

bateria
trommusett

guitarra
gítar

contrabaix
kontrabassi

trompeta
trompet

piano

píanó

violí

fiðla

baix

bassi

timbal

pákur

tambor

trommur

teclat

hljómborð

saxofon

saxófónn

flauta

flauta

micròfon

hljóðnemi

entrada
inngangur

tigre
tígrisdýr

gàbia
búr

zebra
sebrahestur

aliment per a animals
fóður

ós panda
pandabjörn

animals
dýr

elefant
fíll

cangurú
kengúra

rinoceront
nashyrningur

goril·la
górilla

ós
skógarbjörn

camell

úlfaldi

estruç

strútur

lleó

ljón

simi

api

flamenc

flamingó

papagai

páfagaukur

ós polar

ísbjörn

pingüí

mörgæs

ca mari

hákarl

paó

páfugl

serp

snákur

cocodril

krókódíll

guardià del zoo

dýragarðsvörður

foca

selur

jaguar

jagúar

poni

hestur

lleopard

hlébarði

hipopòtam

flóðhestur

girafa

gíraffi

àliga

örn

senglar

villisvín

peix

fiskur

tortuga

skjaldbaka

morsa

rostungur

guineu

refur

gasela

gasella

futbol americà
Ameriskur fótbolti

ciclisme
hjólreiðar

tenis
tennis

bàsquet
körfubolti

natació
sund

boxa
hnefaleikar

hoquei sobre gel
íshokkí

futbol americà
fótbolti

bàdminton
hnit

atletisme
frjálsar íþróttir

handbol
handbolti

esquí
skíði

polo
póló

activitats
athafnir

saltar
hoppa
abraçar
faðma
riure
hlæja
anar
ganga
cantar
syngja
somiar
dreyma
pregar
biðja
fer un petó
kyssa

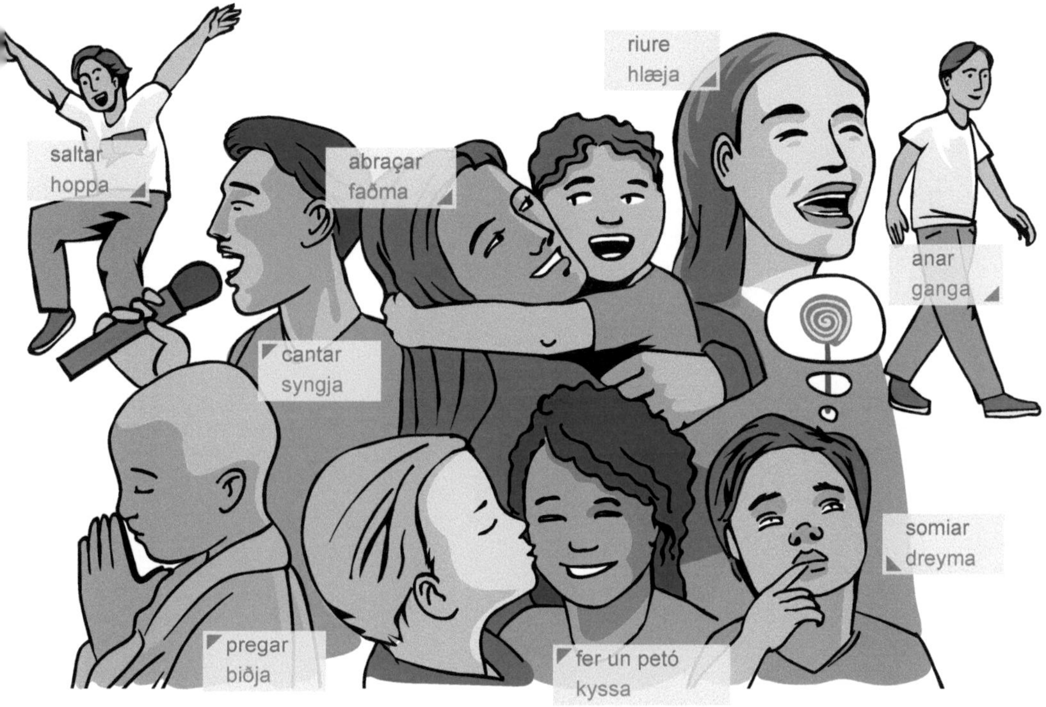

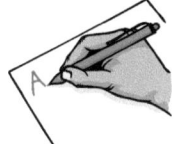

escriure

skrifa

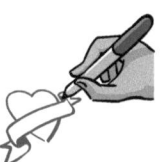

dibuixar

teikna

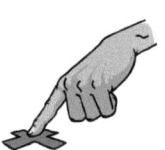

mostrar

sýna

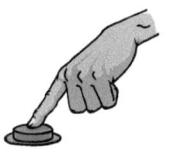

pitjar

ýta

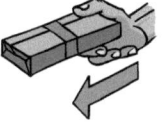

donar

gefa

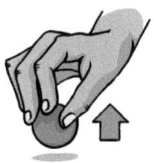

prendre

taka

tenir
hafa

fer
gera

ésser
vera

estar dret
standa

córrer
hlaupa

estirar
draga

llançar
kasta

caure
detta

jeure
ljúga

esperar
bíða

portar
bera

asseure's
sitja

vestir-se
klæða sig

dormir
sofa

despertar-se
vakna

mirar
líta á

plorar
gráta

amoixar
strjúka

pentinar
greiða

parlar
tala

comprendre
skilja

demanar
spyrja

escoltar
hlusta

beure
drekka

menjar
borða

endreçar
taka til

estimar
elska

cuinar
elda

conduir
keyra

volar
fljúga

navegar

sigla

calcular

reikna

llegir

lesa

aprendre

læra

treballar

vinna

casar-se

giftast

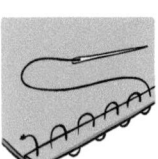

cosir

sauma

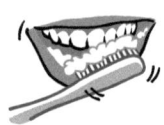

raspallar-se les dents

bursta tennur

matar

drepa

fumar

reykja

enviar

senda

àvia
amma

avi
afi

pare
faðir

mare
móðir

nadó
barn

filla
dóttir

fill
sonur

convidat
gestur

tia
frænka

oncle
frændi

germà
bróðir

germana
systir

cos
líkami

front
enni
ull
auga
espatlla
öxl
dit
fingur
cara
andlit
barbeta
haka
mà
hönd
cama
fótleggur
pit
brjóst
braç
handleggur

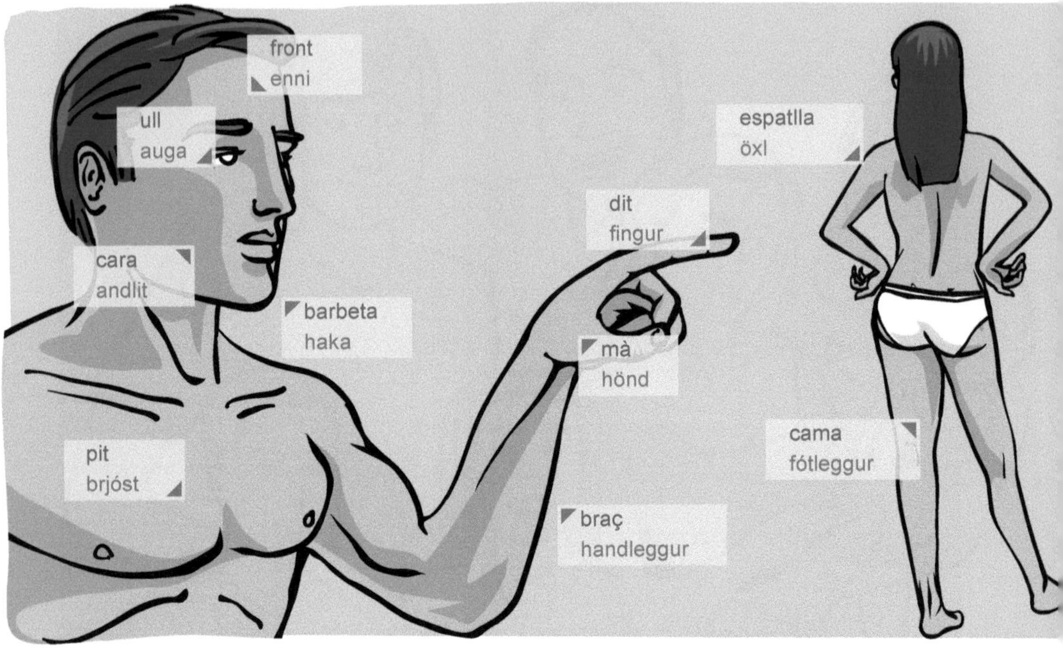

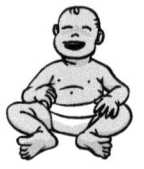

nadó

barn

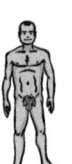

home

maður

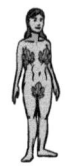

dona

kona

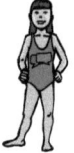

noia

stúlka

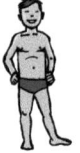

noi

drengur

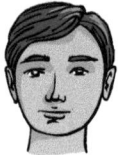

cap

höfuð

esquena

bak

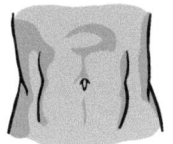

panxa

kviður

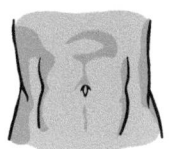

melic

nafli

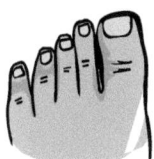

dit gros del peu

tá

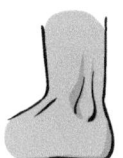

taló

hæll

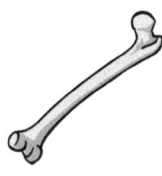

os

bein

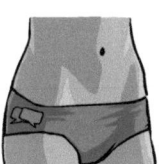

maluc

mjöðm

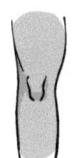

genoll

hné

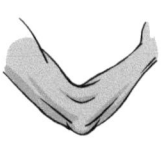

colze

olnbogi

nas

nef

cul

rass

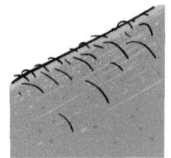

pell

húð

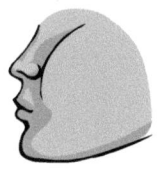

galta

kinn

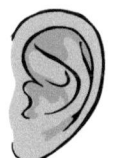

orella

eyra

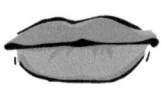

llavi

vör

cos - líkami

boca

munnur

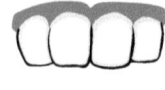

dent

tönn

llengua

tunga

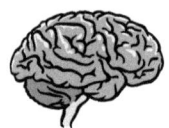

cervell

heili

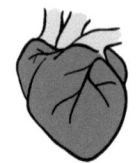

cor

hjarta

múscul

vöðvi

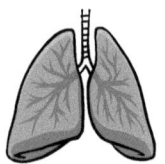

pulmó

lunga

fetge

lifur

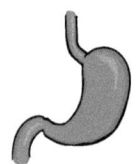

estómac

magi

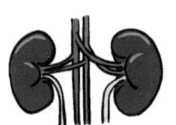

ronyó

nýru

relació sexual

kynmök

preservatiu

smokkur

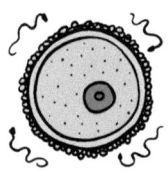

ovari

eggfruma

semen

sæði

prenyat

ólétta

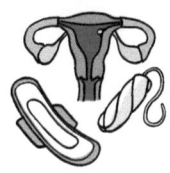

menstruació
....
tíðir

vagina
....
leggöng

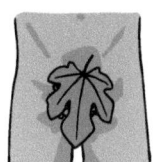

penis
....
typpi

cella
....
augabrún

cabells
....
hár

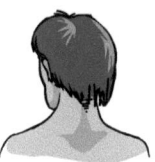

coll
....
háls

hospital
sjúkrahús

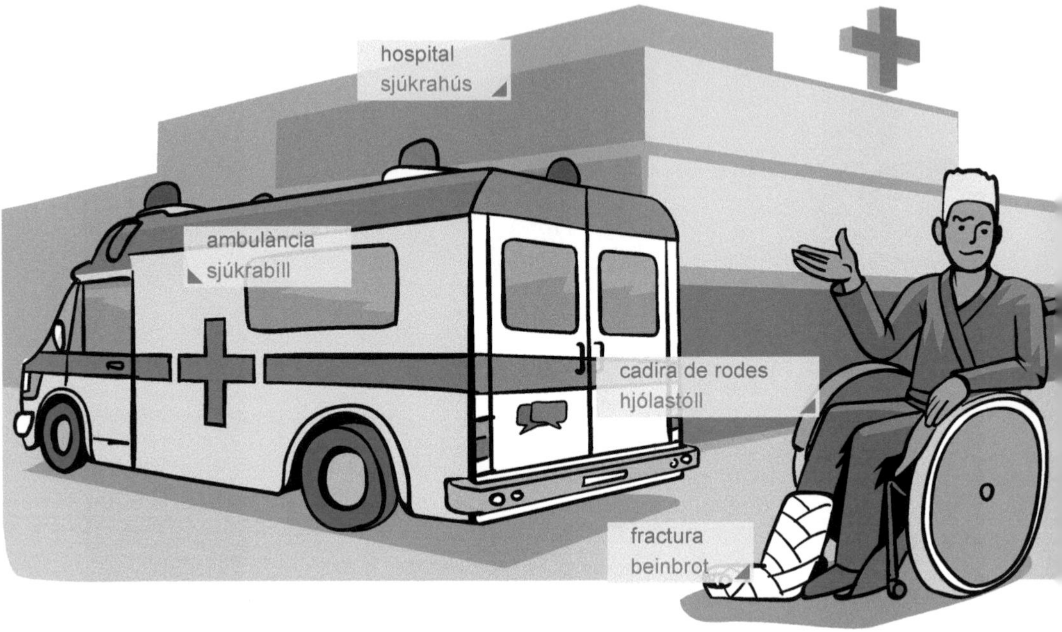

hospital
sjúkrahús
ambulància
sjúkrabíll
cadira de rodes
hjólastóll
fractura
beinbrot

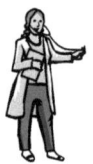

doctora

læknir

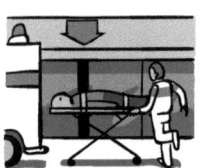

sala d'urgències

bráðamóttaka

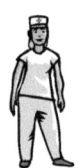

infermera

hjúkrunarfræðingur

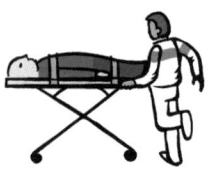

urgència

neyðartilvik

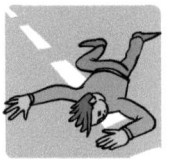

inconscient

meðvitundarlaus

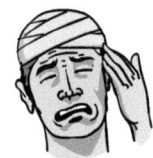

dolor

verkir

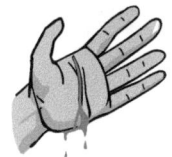

ferida

meiðsli

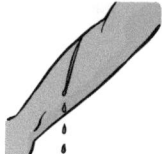

sagnament

blæðing

atac de cor

hjartaáfall

apoplexia

heilablóðfall

al·lèrgia

ofnæmi

tos

hósti

febre

hiti

gripa

flensa

diarrea

niðurgangur

mal de cap

höfuðverkur

càncer

krabbamein

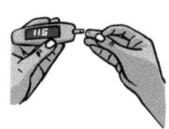

diabetis

sykursýki

cirurgià

skurðlæknir

escalpel

skurðhnífur

operació

aðgerð

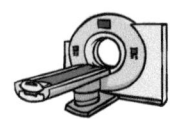

tomografia computada (TC), TAC

sneiðmyndataka

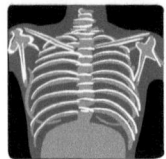

raigs x

röntgengeisli

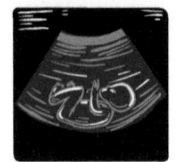

ultrasò

ómskoðun

mascareta

andlitsgríma

malaltia

sjúkdómur

sala d'espera

biðstofa

crossa

hækja

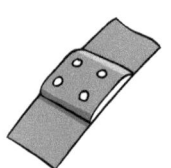

tireta

gifs

embenat

sáraumbúðir

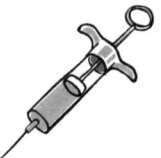

injecció

sprauta

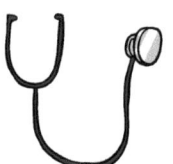

estetoscopi

hlustunarpípa

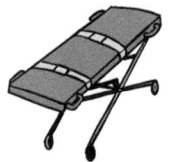

llitera

börur

termòmetre clínic

líkamshitamælir

pariment

fæðing

sobrepès

yfirvigt

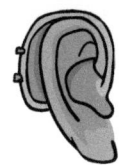

aparell auditiu

heyrnartæki

desinfectant

sótthreinsiefni

infecció

sýking

virus

veira

VIH / SIDA

HIV / AIDS

medicina

lyf

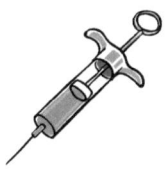

vaccí

bólusetning

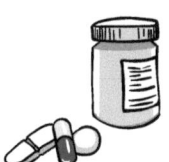

comprimits

töflur

píl·lola

pilla

trucada d'urgència

neyðarsímtal

tensiòmetre

blóðþrýstingsmælir

malalt / sà

lasinn / heilbrigður

Socors!

Hjálp!

alarma

viðvörun

assalt

líkamsárás

atac

árás

perill

hætta

sortida-eixida d'urgència

neyðarútgangur

Foc!

Eldur!

extintor

slökkvitæki

accident

slys

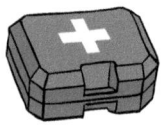

farmaciola de primers auxilis

skyndihjálparbúnaður

SOS

SOS

policia

lögregla

Europa

Evrópa

Amèrica del Nord

Norður-Ameríka

Amèrica del Sud

Suður-Ameríka

Àfrica

Afríka

Àsia

Asía

Austràlia

Ástralía

Atlàntic

Atlantshaf

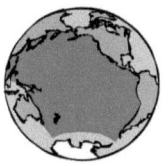

Pacífic

Kyrrahaf

Oceà Índic

Indlandshaf

Oceà Antàrtic

Suður-Íshaf

Oceà Àrtic

Norður-Íshaf

pol nord

Norðurpóll

pol sud

Suðurpóll

Antàrtida

Suðurskautslandið

terra

Jörð

país

land

mar

sjór

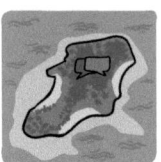

illa

eyja

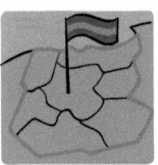

nació

þjóð

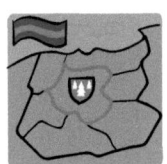

estat

ríki

quadrant
klukkuskífa

agulla de les hores
litli vísir

agulla dels minuts
stóri vísir

agulla dels segons
sekúnduvísir

Quina hora és?
Hvað er klukkan?

dia
dagur

temps
tími

ara
nú

rellotge digital
tölvuúr

minut
mínúta

hora
klukkustund

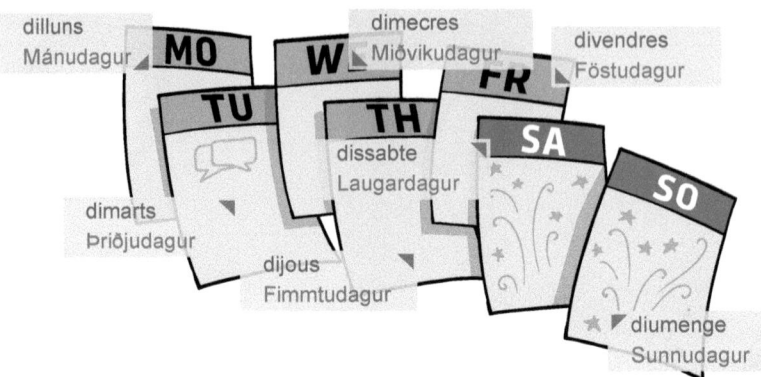

dilluns
Mánudagur

dimecres
Miðvikudagur

divendres
Föstudagur

dimarts
Þriðjudagur

dissabte
Laugardagur

dijous
Fimmtudagur

diumenge
Sunnudagur

ahir
í gær

avui
í dag

demà
á morgun

matí
morgunn

migdia
hádegi

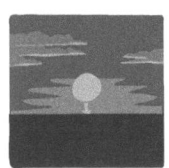

tarda
kvöld

dia feiner
virkir dagar

cap de setmana
helgi

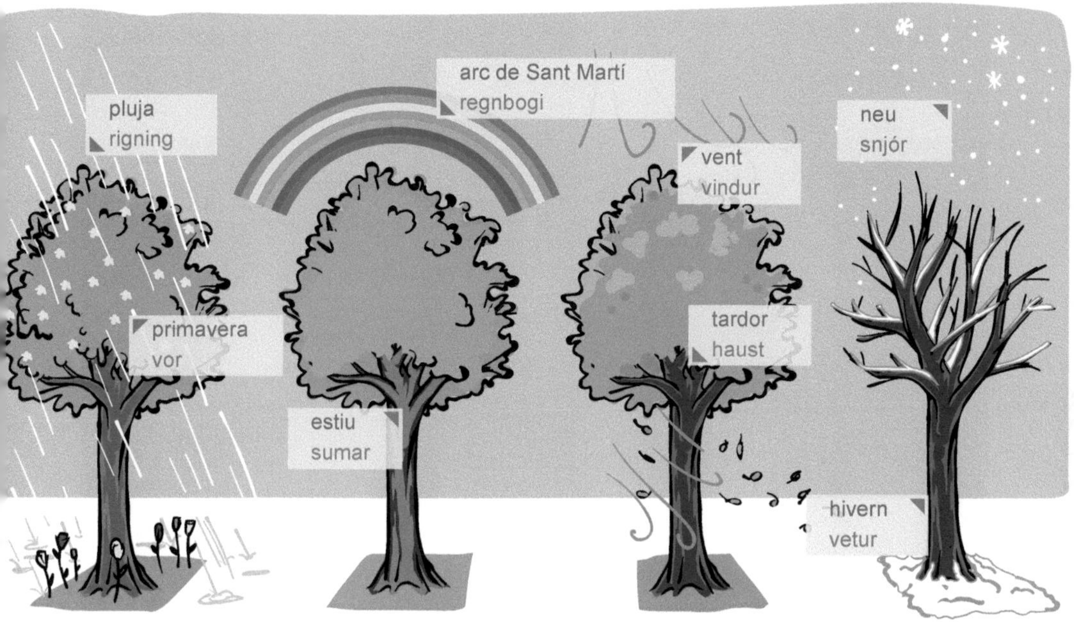

pluja
rigning
arc de Sant Martí
regnbogi
vent
vindur
neu
snjór
primavera
vor
estiu
sumar
tardor
haust
hivern
vetur

4.APRIL 11°
5.APRIL 4°
6.APRIL 13°
7.APRIL 8°
8.APRIL 10°

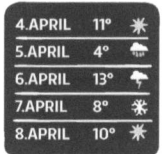

pronòstic del temps

veðurspá

F
C

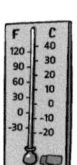

termòmetre

hitamælir

llum del sol

sólskin

núvol

ský

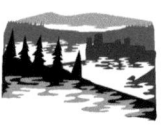

boira

þoka

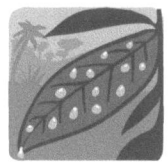

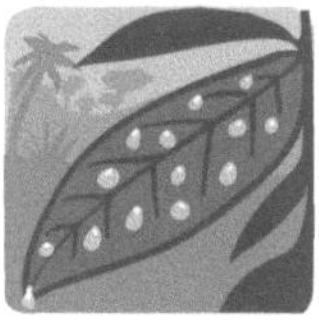

humiditat de l'aire

raki

llamp

eldingar

tro

þrumuveður

tempesta

stormur

calamarsa

haglél

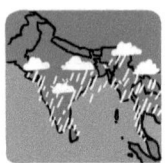

monsó

monsún

inundació

flóð

gel

ís

gener

Janúar

febrer

Febrúar

març

Mars

abril

Apríl

maig

Maí

juny

Júní

juliol

Júlí

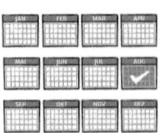

agost

Ágúst

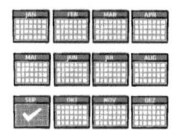

setembre

September

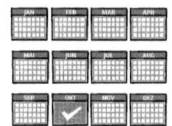

octubre

Oktόber

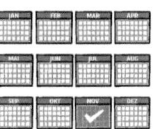

novembre

Nόvember

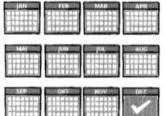

desembre

Desember

cercle

hringur

quadrat

ferningur

rectangle

rétthyrningur

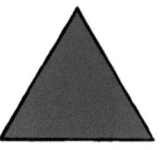

triangle

þríhyrningur

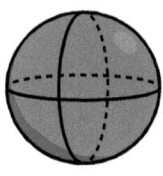

esfera

kúla

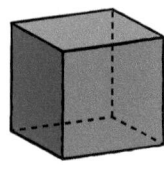

cub

teningur

colors

litir

blanc

hvítur

groc

gulur

taronja

appelsínugulur

rosa

bleikur

vermell

rauður

lila

fjólublár

blau

blár

verd

grænn

marró

brúnn

gris

grár

negre

svartur

molt / poc

mikið / lítið

emprenyat / tranquil

reiður / rólegur

bonic / lleig

fallegur / ljótur

començament / fi

upphaf / endir

gran / petit

stór / lítill

clar / fosc

bjartur / dimmur

germà / germana

bróðir / systir

net / brut

hreinn / óhreinn

complet / incomplet

heill / ófullnægjandi

dia / nit

dagur / nótt

mort / viu

dauður / lifandi

ample / estret

breiður / mjór

comestible / immenjable

ætur / óætur

dolent / amable

vondur / góður

entusiasmat / entediat

spenntur / leiður

gros / prim

feitur / mjór

primer / darrer

fyrstur / síðastur

amic / enemic

vinur / óvinur

ple / buit

fullur / tómur

dur / tou

harður / mjúkur

pesant / lleuger

þungur / léttur

gana / set

svangur / þyrstur

malalt / sà

lasinn / heilbrigður

il·legal / legal

ólöglegur / löglegur

intel·ligent / ximple

greindur / heimskur

esquerra / dreta

vinstri / hægri

prop / llunyà

nálægur / fjarlægur

nou / usat

nýr / notaður

res / quelcom

ekkert / eitthvað

vell / jove

gamall / ungur

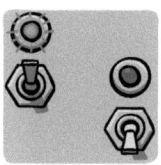

encès / apagat

kveikt / slökkt

obert / tancat

opna / loka

silenciós / sorollós

Lágvær / hávær

ric / pobre

ríkur / fátækur

correcte / incorrecte

rétt / rangt

aspre / suau

grófur / sléttur

trist / content

sorgbitinn / hamingjusamur

curt / llarg

stutt / lengi

lent / ràpid

hægt / hratt

humit / sec - eixut

blautur / þurr

calent / fred

heitur / kaldur

guerra / pau

stríð / friður

0

zero
núll

1

u
einn

2

dos
tveir

3

tres
þrír

4

quatre
fjórir

5

cinc
fimm

6

sis
sex

7

set
sjö

8

vuit
átta

9

nou
níu

10

deu
tíu

11

onze
ellefu

12

dotze

tólf

13

tretze

þrettán

14

catorze

fjórtán

15

quinze

fimmtán

16

setze

sextán

17

disset

sautján

18

divuit

átján

19

dinou

nítján

20

vint

tuttugu

100

cent

hundrað

1.000

mil

þúsund

1.000.000

milió

milljón

anglès

Enska

anglès americà

Amerísk enska

xinès mandarí

Mandarin-kínverska

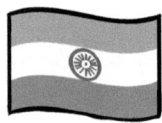

hindi

Hindí

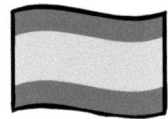

espanyol

Spænska

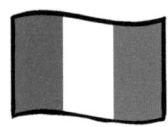

francès

Franska

àrab

Arabíska

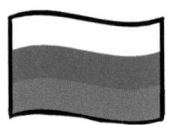

rus

Rússneska

portuguès

Portúgalska

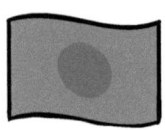

bengalí

Bengali

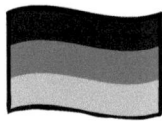

alemany

Þýska

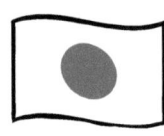

japonès

Japanska

jo

ég

tu

þú

ell / ella / allò

hann / hún / það

nosaltres

við

vosaltres

þú

ells

þeir

qui?

hver?

què?

hvað?

com?

hvernig?

on?

hvar?

quan?

hvenær?

nom

nafn

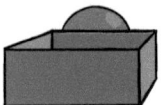

darrere

bakvið

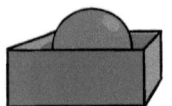

en

í

davant de

fyrir framan

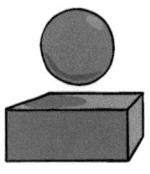

damunt

yfir

sobre

á

sota

undir

al costat

við hliðina

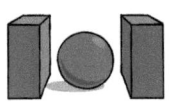

entre

milli

lloc

sæti